D1281476

FUNNY TALES

Greyscale coloring Book

Par Kévin Teo'Art

Il est recommandé de réaliser vos mises en couleurs
avec les crayons de couleurs ou des feutres.
Nous vous conseillons également d'utiliser une feuille épaisse placée derrière le coloriage en
cours afin de protéger la page suivante .

Toutes les illustrations de ce livre sont des créations originales réalisées entièrement à la
main par Kevin Teo'Art.

Aucune partie de ce livre ne peut être reproduite sous quelques formes que ce soit sans une
autorisation écrite du détenteur des droits.

Si vous appréciez ce livre, n'hésitez pas à partager votre avis sur Amazon.
Cela nous aidera à nous faire connaître et à continuer à créer d'autres livres.

« Funny Tales »

Greyscale coloring book par Kevin Teo'Art
Première publication Janvier 2023

ISBN : 9798375610689
Edition : Indépendante
Copyright 2023 Kevin Teo'Art
All rights reserved

En ouvrant ce livre,
vous devrez oublier
tout ce que vous connaissez
du monde des contes.

Vous devrez laisser
de côté les histoires
de votre enfance et du passé
car vous allez entrer
dans un univers décalé
à l'intérieur duquel
vous découvrirez
une nouvelle vision,
ma vision,
de toutes ces histoires.

Mêlant écriture et illustrations
ce livre va vous emmener
en pleine féérie,
enchantement
et désillusion !

A la fin de ce livre,
vous vous serez
sans doute fait
une toute autre idée
des personnages que
avez adoré à l'époque
de votre enfance ...

FUNNY TALES

1 – Blanche Neige

2 – 3 petits cochons

3 – Chaperon Rouge

4 – La Belle

5 – Alice

6 – Cendrillon

7 – Boucle D'or

8 – Le Petit Poucet

9 – La Belle et la Bête

10 – Chapelier Fou

11 – Ariel

12 – Hansel et Gretel

13 – Peau d'Âne

14 – Pinocchio

15 – Dorothy

16 – Aurore

17 – Chat Botté

18 – Raiponce

19 – Tarika

20 – Prince Pas si Charmant

Le Prince pas si Charmant : Partie 1

Blanche Neige

Il était une fois... formule tellement attendue et entendue,
mais nous sommes dans un livre sur les contes
alors on ne peut pas y échapper...

Je reprends donc. Il était une fois un prince pas si Charmant
qui souhaitait par-dessus tout,
qu'une très jolie princesse tombe sous son "charme".

Vous allez sans doute me demander
quel rapport il y a avec cette représentation de Blanche Neige ?
Patience, patience, vous le comprendrez bien assez vite.

Je me perds. Restons concentrés.
Il était une fois un prince pas si Charmant
qui souhaitait rencontrer une jolie princesse
et pour y arriver, il était prêt à user
de toutes sortes de stratagèmes.

Grimé sous les traits d'une affreuse vieille et bancale sorcière,
le prince prit le parti d'aller rendre visite,
dans une lointaine forêt perdue,
là où naissent les légendes et où vivent les 7 nains,
à la plus ravissante, naïve et impétueuse des jeunes princesses.
Son plan, lui offrir la plus appétissante pomme
qui existe et dans laquelle il avait auparavant
discrètement injecté un filtre d'amour.

Blanche comme l'ivoire, la chevelure ébène, et les lèvres cerise,
la belle n'était pourtant pas si naïve.
Voyez dans son regard, la malice et l'espièglerie
qui s'enflamment aussitôt après avoir saisi
le fruit diabolique entre les doigts !

Elle n'était pas prête à tomber dans le piège
tendu par cette vieille inconnue.

Le prince pas si charmant connut,
le tout premier d'une très longue série
d'échecs sentimentaux.

L'invasion de Paris : Partie 1

Les 3 petits cochons

La mafia des cochons est dans la place

Nos 3 petits cochons,
malgré leurs beaux
sourires de star de cinéma pour la photo,
ne sont pas de bonnes fréquentations.

Grâce à un séjour en Zonzon (comme disent les initiés),
ils ont eu la chance inouïe de se rencontrer.
Après avoir fait la pluie et le beau temps dans ce pénitencier,
ils ont été libérés pour « bonne conduite »,
en usant de certaines pressions.

A leur sortie, ils ont décidé de former
la mafia porcine ariégeoise.
Adieu les maisons de bois, de brique ou de paille.
Pas question non plus de fléchir
devant les plus costauds.
Le loup avait été averti pourtant,
mais comme tout loup qui se respecte
il n'en a fait qu'à sa tête...
Et sans même s'en rendre compte,
il est tombé entre les griffes du trio.

Après cette histoire, c'est le trou noir.
Cette photo est la dernière preuve de l'existence
de ce gang dément. Depuis, plus aucune nouvelle.

Personne n'a aucune information concrète les concernant.
Ni de ce qu'il est advenu de ce pauvre loup.
Ni si ces 3 petits cochons continuent leurs affaires.

Cependant, on raconte
dans la capitale qu'un trio mystérieux
aurait mis en place une dictature
en rassemblant une armée
des rats d'égouts de la ville et que leur objectif ultime
serait de contrôler Paris...

De là à y voir un lien avec notre mafia, il n'y a qu'un pas....

Une histoire à dormir debout : Partie 1

Chaperon rouge

Le p'tit Chaperon Rouge a fait un
drôle de rêve la nuit dernière.

Elle a rêvé qu'elle se promenait
en pleine forêt pour aller rendre visite
à sa mère-grand tout en lui apportant
les fameux gâteaux de maman
et tout plein de bonnes choses
totalement déconseillées aux personnes
qui doivent prendre soin de leur santé...

Qu'en traversant les bois sombres,
une douce folie s'était emparée
d'elle et plutôt que d'être une proie facile,
cette fois elle avait décidé d'endosser
le rôle de chasseuse de loup.

Se sentant investie de toute l'énergie
et de la puissance de Buffy,
la chasseuse de vampires,
fendant l'air et bondissant de branches en souches
telle une Ninja, armée d'une hache de barbare,
elle transperce la pénombre infinie
en quête du grand méchant Loup....

En se réveillant le matin,
elle prit une sage décision.
Arrêter de s'empiffrer de sucreries
avant de s'endormir le soir.

La belle

Big Ben et Lumière ont l'air bien anxieux !
En même temps il y a de quoi...

Je vais vous apprendre une anecdote
que très peu de gens connaissent
sur la fabuleuse histoire de la Belle et la Bête.
Une anecdote dont personne ne parle dans les livres
ou les films et qui pourtant revêt une importance capitale.

Vous connaissez tous la légende ?
La malédiction qui touche la Bête,
liée directement à cette rose enchantée.
Rose qui sert en vérité de compte à rebours.

Il s'avère qu'au moment précis où l'avant-dernier
pétale est tombé de la rose,
cela faisait déjà 48 heures que la Bête avait disparu.
Sachant que la malédiction serait entérinée
à tout jamais si le sort n'était pas rompu
avant le dénuement total de la fleur.

Personne ne savait où il était ni ce qu'il faisait.
Tout reposait sur ses épaules
et Monsieur avait pris la poudre d'escampette !
Vous comprenez maintenant l'angoisse grandissante
et pesante qui emplissait Big Ben et Lumière.

Mais Belle a l'air bien sereine
au milieu de la panique générale.
Elle semble détenir une information
que les autres ignorent....

Alice

Alice a déjà fait plusieurs allers-retours au pays des merveilles.

A son grand désarroi,
lors de chacun de ses retours chez elle,
personne ne la croit
lorsqu'elle raconte ses aventures,
ses exploits et toutes ces rencontres hallucinantes
faits lors de ses grands voyages.

A chaque fois, son auditoire l'écoute certes,
pendant un petit moment,
puis chacun retourne vaquer à ses occupations
en étant persuadé qu'Alice raconte
des sornettes afin d'attirer les projecteurs
et en la laissant continuer ses histoires seules.

Alors, pour leur prouver à tous
que ce merveilleux pays existe bel et bien,
elle eut l'idée saugrenue de ramener chez elle,
quelques petits souvenirs glanés lors de son dernier périple....

Finalement, elle se rend vite compte
que ce n'était pas une bonne idée.
Que tous ces souvenirs,
en plus d'être encombrants, bruyants, et ingérables,
n'apportent pas à Alice l'attention espérée.
Et même si ses proches ont bien fini par la croire,
ils ont fini par enfermer tout ce bazar,
ainsi qu'Alice, dans sa chambre.

Moralité, il n'est jamais bon de vouloir
être constamment le centre d'attention.
A trop vouloir épater la galerie,
on prend le risque de se retrouver
bien seul au monde.

Cendrillon

Un soir. L'unique instant.
La seule occasion pour Cendrillon
de rencontrer son âme sœur,
son prince charmant et de quitter sa vie triste et morose...

La bonne fée s'est pointée à l'heure.
La citrouille s'est transformée en carrosse.
La petite Cendrillon, s'est métamorphosée
en belle princesse digne
des plus beaux contes de fées !
Elle a été conduite au château
pour la plus merveilleuse soirée de sa vie.

Enfin cette soirée a été merveilleuse
mais pas pour les raisons attendues.
Le prince, elle l'a rencontré oui. Et comment dire...
Il n'était vraiment pas si Charmant que ça.
Après avoir passé un peu de temps en sa compagnie,
elle dut se résoudre, il n'était pas à son goût.

Loin de se laisser abattre, elle décida de profiter de la fête.
Après tout, il y avait peu de chances,
qu'elle ait l'occasion d'en revivre une de la sorte de sitôt.

Alors entre 2 coupes de champagne,
elle alla s'éclater sur la piste de danse,
au gré des rythmes endiablés prodigués
par le fameux grand orchestre de troubadours !

Minuit sonna ! C'était l'heure de rentrer.
En se sauvant elle perdit une de ses pantoufles de verre.
Plutôt que de la récupérer,
elle se dit que peut-être un beau prince allait la trouver
et tenter par tous les moyens de la lui ramener...

Boucle d'or

Nous avons déjà évoqué un trio infernal
quelques pages plus tôt.
Je vous avais laissé sur une supposition
machiavélique d'invasion de Paris par
un trio de malfrats à la tête d'une armée de rats
et qui n'aurait pour unique ambition
que de prendre le pouvoir et contrôler le monde...

Après une multitude d'enquêtes infructueuses,
la Brigade du Grand Funny Banditisme (La BGFB) s'est rendu compte
que la mafia des cochons n'avait rien à voir avec toutes ces manigances.
Et pour cause, ils ont été aperçus sur l'île WAIKIKI sur laquelle
ils coulent depuis des années des jours paisibles
et heureux en compagnie des Minions.

En revanche, les doutes se sont portés sur une famille de 3 ours.
Oubliés de tous car vivant à l'écart du monde
dans une des plus terrifiantes forêts,
perdue au cœur d'une contrée Creusoise.
Ils ont, faute de reconnaissance de leurs talents
(experts en dressage de Fourmis)
décidé de se venger.
Il faut le dire, ils ne sont pas finauds.
Ils ne leur faut pas grand-chose pour péter une durite...

Leur plan machiavélique était prêt à être mis à exécution.
Mais un élément perturbateur risque de tout faire capoter.
Le bruit court qu'une certaine Boucle d'Or
se serait attaqué à leurs soupes... ?

Le Petit Poucet

Elle ne le sut jamais, mais cette nuit-là,
le petit Chaperon Rouge ne rêvait pas.
Prise d'une crise de somnambulisme,
elle s'est réellement mise en danger
en allant errer seule dans pénombre forestière.

Elle ne fut jamais avisée non plus que si
elle l'avait échappé belle,
c'était grâce au petit Poucet.

Lui a bien grandi depuis
qu'il a récupéré ses bottes de 7 Lieues.
Maintenant, plutôt que de semer des petits cailloux
pour retrouver le chemin de la maison,
il disperse des steaks pour narguer les loups !

Et c'est grâce à l'odeur de viande fraîche
que les prédateurs ont totalement occulté
la proie facile qu'était le petit chaperon Rouge.

Peut-être qu'un jour, au détour d'un chemin,
dans leurs montagnes respectives,
nos 2 héros auront la surprise de se croiser
et qu'une belle et sublime histoire d'amour
viendra illuminer leur vie.

La belle et la bête

Revenons-en à nos moutons !
Enfin plutôt à la mystérieuse disparition de la Bête.

Comme vous le voyez, Monsieur est revenu.
Certes un peu tard. Le dernier pétale est tombé.

Dans l'histoire que vous connaissez,
tout finit bien, la Belle l'embrasse,
la malédiction est rompue
et la Bête se transforme
en beau prince charmant.

Mais voilà, ça c'est la version officieuse.
La version qui rend l'histoire belle.
La Bête est revenue trop tard,
et ils sont tous condamné
à vivre pour l'éternité
avec leurs aspects de Bête
et d'objets en tout genre.

La Belle n'en a cure, cette Bête, elle l'aime quoi qu'il en soit.
Il est monstrueux oui c'est certain
et n'a pas vraiment la tête sur les épaules... Et alors ?

L'amour a ses raisons que la raison ignore.

Il reste cependant un point à éclaircir.
Pourquoi cette absence ? Où était-il passé ?
Que faisait-il ?

Si je vous le disais, vous ne me croiriez pas,
alors gardons une petite part de mystère,
et laissons nos amoureux rejoindre
le merveilleux pays des rêves...

Le Chapelier Fou !

Le Chapelier n'a de cesse de ruminer.
Relégué au rang de second rôle dans cette fabuleuse
et merveilleuse aventure issue d'un rêve tordu,
il jalouse secrètement Alice, la si douce, l'audacieuse, la prétentieuse,
la si parfaite petite fille à la chevelure toujours si bien ordonnée.

Vous rappelez-vous de ces fameux "médicaments"
estampillés "mangez-moi" qu'Alice découvre
au début de son aventure ?
Il semblerait que le Chapelier ait mis la main sur le stock entier.
Et comme tout bon fou qui se respecte,
il n'aurait pas tenu le compte des pilules ingérées,
sans prendre garde aux recommandations d'usage.
A moins qu'il n'ait juste abusé des tasses de thé infusées
à base d'on ne sait qu'elle herbe magique.

Bref, il est devenu grand... Très grand...
Enfin dans cette histoire, nous avons bien compris que
la logique n'était pas au rendez-vous.
Alors peut-être qu'il n'est pas si grand que ça et qu'en réalité,
c'est Alice qui est toute petite. Et si on pousse le bouchon,
peut-on vraiment utiliser le mot réalité au milieu de ce monde dégénéré ?
Faut-il vraiment croire les tergiversations
d'un Chapelier, fou de surcroît ?
D'ailleurs est-il réellement fou ?
Est-il possible de croire à toute cette histoire farfelue ?

Les faits sont là !
On va se contenter de se fier à ce que l'on voit.
Le Chapelier est grand, Alice est toute petite
et elle nage au milieu de la tasse de thé de ce fou que semble géant.

A trop chercher un sens à cette histoire
cela nous rapprocherait dangereusement du précipice de la folie...

Alors il vaut mieux ne pas chercher plus loin que ça...

Ariel

Je ne vous présente pas Ariel, la petite sirène.
Par contre je peux vous raconter
ce qui lui est arrivé avant de rencontrer le Prince Éric.

A ce moment-là, l'ingénue Ariel,
ne connaissait encore rien du monde de la surface.
Les Humains, elle n'en avait encore jamais vu.
Les méchants, #Ursula, elle ne s'y était encore jamais frottée.

Sa seule préoccupation à cette époque était de s'amuser,
de découvrir le royaume de son père
tout en s'inventant des histoires
imaginaires de licornes à queue de poisson !
Sa toute première rencontre avec un humain a eu lieu
au cours de sa quinzième année.
Le Prince pas si Charmant s'est pointé,
masque et tubas enquillés sur le crâne.
Il nageait, déterminé, depuis déjà plus de 11h18
à la recherche de son grand amour.

Vous imaginez bien, qu'en voyant débarquer
ce tout petit bonhomme grincheux,
dont la peau était toute fripée à force d'être dans l'eau,
Ariel ne s'est pas faite prier et a détalé direct !

Sa mère l'avait bien mise en garde :
« Ne jamais parler aux inconnus » !

Encore une désillusion cuisante pour le prince...

Hansel et Gretel

Les 3 ours n'ont pas fait long feu.
Mis hors d'état de nuire par 2 loustics
qui n'avaient pas froid aux yeux !
Hansel et Gretel sèment la terreur dans la région.
Armés de leurs fusils d'assauts chargés à bloc
d'une nouvelle substance paralysante à vie,
ils erraient au gré des vents et
figeaient quiconque se dressait sur leur route.

Après avoir mis fin au règne sans partage des 3 ours
et libéré la malicieuse Boucle d'Or,
ils se retrouvent maintenant en embuscade
devant la maison en pain d'épices de la fameuse sorcière...

Mais au fond, ce n'est pas vraiment ce qui nous intéresse.
En effet, les 3 cochons se la coulant douce sous les tropiques,
les ours côtoyant les rochers pour le reste de leurs jours,
il n'en demeure pas moins, que la rumeur d'une attaque imminente
de la Capitale courait toujours.

La BGFB était à pied d'œuvre.
Mais à force de faire chou blanc,
il fallait bien se rendre à l'évidence.
Ils n'avaient plus aucune piste sérieuse à explorer
alors que la menace ne cessait de grandir minute après minute...

Mais qui pouvait donc être le cerveau de ce mystérieux complot ?

Peau d'Âne

Le Petit Poucet s'est bien amusé.
Cependant il a légèrement dépassé les limites de la forêt.
Toujours attirés par la viande bien fraîche,
les loups se sont retrouvés dispersés dans un royaume
qu'ils ne connaissaient pas encore.

Ce royaume est enchanté et est sans doute le moins célèbre des contes de ce livre.
Celui de Peau d'Âne.
Cette histoire n'est pas ma préférée,
et comme elle n'est pas très connue, voici un petit résumé :

La reine mourante d'un royaume enchanté
ordonne à son mari de n'épouser en secondes noces
qu'une femme plus belle qu'elle.
Or, seule sa fille la surpasse en grâce et en beauté.
Le roi demande la main de cette dernière.
La fée des Lilas conseille alors à sa filleule de feindre
les plus extravagants caprices afin de décourager les assauts paternels.

Vous comprendrez sans doute pourquoi ce n'est pas mon histoire préférée
et pourtant, elle a son importance car elle a été écrite
à une époque durant laquelle ce genre de pratique était courante.

Revenons-en à notre histoire.
Notre princesse s'est éclipsée du château,
affublée d'une peau d'Âne pour ne pas attirer l'attention.
Une fois loin de l'enceinte du palais.
Elle se rendit compte que le danger était peut-être encore plus grand ici,
observée qu'elle était par toutes
ces paires d'yeux tapis dans l'ombre des sous-bois…

Pinocchio

La légende raconte que le grand Geppetto,
a conçu son pantin en bois de noyer pour sa solidité !

La réalité est toute autre.
Vous allez vous en rendre
compte avec cette illustration.

Ce que tout le monde ignore
c'est que Pinocchio n'était pas programmé pour être un menteur.
Il considérait que c'était un vilain défaut qu'il rejetait formellement.
Par contre c'était un petit garçon très très très gourmand.

Il s'est rendu compte, en dissimulant inconsciemment la réalité,
qu'en ne disant pas la vérité son nez s'allongeait.
Curieux il enchaina les mensonges,
juste pour voir jusqu'à quel point son nez pouvait grandir.

Au cinquième bobard,
il avait déjà un tronc d'arbre qui lui sortait du visage.
Au dixième, des fruits commençaient à murir,
et c'est à ce stade qu'il comprit
qu'il était fait en bois de cerisier.

Plus il mentait, plus il y avait de fruits,
plus il y avait de fruits
et plus il se gavait.

Vous avez compris l'histoire ?
Pinocchio n'est pas un menteur,
mais un garçon glouton dont le péché mignon étaient les cerises !

Après tout, un mensonge qui ne fait de mal à personne,
et qui satisfait les papilles, est-ce si mauvais que ça ?

Dorothy

Cette histoire est pour moi la plus délicate à détourner.
D'une part, parce qu'elle est ancrée dans nos têtes,
et qu'elle est déjà très bien comme ça.

C'est vrai, cette histoire va déjà assez loin dans le délire, non ?

Je vous la fais courte.

Dorothy n'a plus de parents.
Elle vit une vie de rêve
avec son oncle et sa tante !
Mais scandale !! Son institutrice
déteste son chien...
Jusque-là rien d'anormal n'est-ce pas ?

Du coup elle s'égare dans des divagations fantasques.
Elle rêve qu'elle atterrit dans un royaume magique
rempli de nains tarés au nom imprononçable
dont le gourou n'est autre que la bonne fée du Nord.
Mais tout ce petit monde est menacé
par la très méchante fée de l'Ouest.

Evidement une quête est obligatoire
dans ce genre d'aventure !
Pour avoir la chance de pouvoir revoir son chien,
Dorothy doit chopper les chaussures rouges
de la mauvaise fée et les ramener au Magicien D'Oz...

Et tout ça, avec pour compagnons d'armes,
une boîte de conserve sur pattes,
un lion psychopathe
et un épouvantail sous substance.

Il n'y a que moi ou toute cette histoire
est tirée par les cheveux ?
Comment dévier une histoire
qui est déjà tellement perchée ?

Aurore

Aurore fête ses 16 ans ce soir.
Mais la belle, depuis son plus jeune âge,
a été mise au courant de la malédiction
qui doit s'abattre sur elle.

Elle n'a aucune envie de s'endormir 100 ans.
Non elle a tellement d'autres passions
à assouvir bien plus intéressantes
que s'embourber dans une nuit sans fin.

Et puis attendre qu'un soi-disant beau prince,
qu'elle ne connaît pas,
qu'elle n'a jamais vu
et qui d'ailleurs
n'est même pas encore né,
l'embrasse pour la réveiller.
Et puis quoi encore ?
Imaginez !! Il ne manquerait plus
que ce soit le prince pas si charmant
qui passe par là le moment venu.

Pourquoi attendre 100 ans,
alors qu'elle aura peut-être l'occasion
de rencontrer son prince ce soir
pendant sa soirée d'anniversaire....

Alors Aurore engloutit les boissons énergisantes,
du "Rud Buble" et du "Wonster" à volonté.
Pour que la nuit dure encore et encore et surtout pour éviter
à tout prix que ce long sommeil interminable
ne vienne lui faire perdre son temps...

Le Chat Botté

La BGFB, n'ayant toujours aucune piste,
a décidé de déployer son arme suprême et totalement secrète.
Un agent double, trouble, impitoyable autant qu'incroyable.
Le Fameux Chat Botté.

Il était absolument capable de tout,
comme il n'était également capable de rien.
En vérité, nous en savions très peu sur lui,
mais s'il était là ce n'était pas pour rien.

Avec comme seul équipement,
son beau chapeau,
ses bottes et son épée,
il mit tout en œuvre pour démasquer
les terroristes et déjouer leur plan machiavélique...

Enfin ça, c'est ce qu'il aurait dû faire.
On se rendit compte que pendant tout le temps
qui lui avait été accordé pour enquêter,
il n'avait cessé d'errer de bar en bar
et de maison close en tripot exotique.
En plus de tout ça ce bon gros matou
avait un penchant pour le trou normand !!!

La BGFB dut se rendre à l'évidence.
Ils n'avaient plus aucun moyen de lutter
ni de se prémunir d'une éventuelle attaque terroriste.
Il n'y avait plus qu'à croiser les doigts
pour que le pire ne se produise pas...

Raiponce

Vous le savez, Raiponce à un pouvoir extraordinaire !
Celui d'avoir une chevelure immense et infiniment forte.

Les loups, après avoir laissé filer le petit Chaperon Rouge,
après avoir couru pendant des heures
après le petit Poucet, ont toujours aussi faim.

Prêts à se ruer sur la vagabonde à tête d'Âne,
ils ne s'attendaient pas à voir surgir,
tombée de sa haute Tour sans porte,
la princesse Raiponce avec cette quantité
astronomique de cheveux.

Bondissants d'instinct sur cette nouvelle venue,
ils se sont tous pris les pattes sans exception,
dans les mèches blondes qui trainaient de partout !

Vous vous demandez pourquoi Raiponce cherche
absolument à attraper vite cette paire de ciseaux ?
Pour se faire une coupe à la garçonne bien sûr !
Marre de passer ses journées entière à entretenir
et démêler cette tignasse indomptable.
Puis par la même occasion,
piéger tous ces loups à l'aide de ces débris capillaires.

C'est donc ici, que se termine l'histoire de nos loups...

Moralité : il faut manger à votre faim,
tant que vous avez la nourriture sous les yeux !

Tarika !

Cette histoire n'est pas un conte à proprement parler, mais mon histoire.
L'histoire que j'ai imaginée et que je projette de réaliser sous forme de roman illustré à colorier.
Elle a donc toute sa place dans ce livre.
Je vous laisse découvrir ce petit résumé :

 their symbols

Je m'appelle Tarika, ça veut dire petite étoile.
J'ai 7 ans. Chaque nuit je rêve. Je rêve mon propre rêve, celui que j'ai créé.
Depuis toute petite, enfin, aussi loin que je m'en souvienne,
j'ai construit du plus profond de mon sommeil,
ma petite tanière nocturne. Un endroit fabuleux.
Je m'y réfugie chaque fois que je sombre au pays de l'inconscient.

Ce monde je l'ai appelé Eïla, c'est mon petit diamant.
Pourtant depuis quelque temps mon équilibre est menacé.
Chaque nuit, au sein de mon rêve, un être noir
sorti du néant et nommé Amala, s'invite à Eïla.

Tout a commencé comme ça :
Par une nuit claire, alors que je volais d'arbre en arbre,
Amala, est venue décrocher une à une toutes les étoiles de mon univers.
Troublé, ébréché, déséquilibré, Eïla vacille et se fissure.
Comme un mirage fatigué, une myriade de frissons l'ébranle
et le fait disparaitre. Affolée, j'ai fui, et me suis nichée sur la balustrade
qui surplombe mon rêve, de là-haut je ne distinguais presque plus rien.
J'assistais, impuissante, à la disparition de mon chez moi.

Effrayée et tétanisée, je puise au plus profond de moi la force
de me réveiller avant qu'Eïla ne disparaisse totalement.

Chaque nuit, Amala revient. A la fin, seule la lune reste la debout,
illuminant de sa douce lumière, celle qui,
quand le crépuscule vient, détruit inlassablement mon monde...

Puis comme toujours l'aube vient panser les plaies.
Comme toujours les rayons du soleil de leur clarté
terrassent le vide et reconstruisent goutte à goutte l'intégralité de ma douce illusion.

Je le sais, la nuit prochaine et les suivantes, dans sa robe noire, Amala ressurgira ....
Un jour, je n'aurai plus la force de me réveiller et Eïla disparaitra définitivement.

their symbols

Les 7 nains

Ce numéro est et restera un mystère.
Le 7 est considéré comme un chiffre magique.
Il signifie l'équilibre, l'accord, la perfection.

Nombre universel, on le retrouve dans de nombreux domaines :
Les 7 planètes,
les 7 merveilles du monde,
les 7 notes de musique,
les 7 péchés capitaux,
le nombre de jours qu'il a fallu à Dieu pour créer le monde
et donc le nombre de jours dans une semaine...
C'est un nombre récurrent dans l'univers des contes
et pour ne citer qu'un exemple,
parlons des 7 nains de Blanche Neige...

Trêve de racontars historiques un peu lourdauds.
Plongeons dans le cœur du sujet.
Car ces 7 nains sont en mauvaise posture actuellement.
Mécontent de ses mésaventures avec la gente féminine,
notre prince pas si charmant, décida de prendre le problème dans l'autre sens.
Si les princesses ne viennent pas à lui, peut-être se décideront-elles
à le faire lorsqu'il ne restera plus que lui.

Alors il s'entraîne. Et qui de mieux pour s'échauffer
que la fameuse fratrie de 7.
S'il commence par un Strike direct,
c'est qu'il est sur le bon chemin et qu'éliminer
ses concurrents n'est pas une si mauvaise idée, quoi
qu'en disent les mauvaises langues.

Chauffe la piste mauvais prince.
Fais rouler et dégomme ces quilles
pour montrer à tout le monde que tu existes
et qu'il va falloir compter sur toi pour une éventuelle
nouvelle future aventure dans un probable Funny Tales 2...

Suite et fin...

Je ne peux pas en rester là...
Je me dois de vous dire la vérité.

Je suis incapable de rester sur un non-dit,
donc la triste réalité sur la mystérieuse
disparition de la Bête,
doit être révélée...

La Bête était juste sortie s'acheter des clopes,
mais en chemin, le prince maudit s'est arrêté au bar
boire un coup avec les copains.

Après quelques heures à lever le coude,
Il décidait qu'il était temps de rentrer mais pas avant
d'avoir fait un détour par le village voisin.
Car à 23h32, son buraliste habituel
avait déjà baissé le rideau.
Alors sait-on jamais !
Il fit le même constat dans la bourgade d'à côté,
d'ailleurs là-bas, il n'y avait carrément
jamais eu de bureau de Tabac.

N'ayant plus les idées très claires,
il prit quand même la sage décision de rentrer.
Sauf qu'il s'est perdu en chemin...

Je vous épargne les détails.
Ce qu'il faut retenir,
c'est qu'il s'est réveillé au milieu des buissons le surlendemain,
à 16h61 précisément. Autrement dit 17h01
mais vous comprendrez aisément
que ses idées ne soient pas encore très bien ordonnées.

Cependant, il savait qu'il devait rentrer très vite au bercail
afin d'arriver avant la fin du compte à rebours...

En tant qu'ancien Fumeur (encore en sursis), je sais que parfois
on serait capable de tout pour s'intoxiquer avec quelques bouffées de cette fumée merveilleusement nocive,
et pourtant c'est encore tellement mieux de, finalement, réussir à s'en passer totalement !

The End

(mais pas complètement...)

Adeline
Charpentier

Adeline.C

Adeline
Charpentier

Adeline.C

Adeline
Charpentier

Adeline
Charpentier

Adeline
Charpentier

Adeline
Charpentier

Adeline_C

Marjorie Blin

Marjorie Blin

MorganeColo Passion

Stephcolors63

www.stephcolors63.fr

Stephcolors63

www.stephcolors63.fr

Leonie
Leong

Simone Colore

Simone Colore

Color Filla

Aurélie
Pinto

Aurélie
Pinto

Nabaya
Coloriste

Teresa

Teresa

Nicole

…ord, l'incontournable, à l'origine de bon nombre de mes inspirations, ma princesse, … ma fille Lilie. Elle face à qui je me retrouve si souvent époustouflé devant …llement dont elle fait preuve chaque fois qu'elle découvre une de mes créations. Je …us que tout ma Lilipuce et merci à toi pour la force et l'amour que tu me donnes !

…rie, mon amour, Mon Ams, Floriane, qui rend chacune de mes journées plus …es les unes que les autres et qui me soutient, me motive et m'aime comme j'en ai …rêvé.

…e, dont l'amour et le soutien me font avancer et grandir. A Mon frère, ma sœur et … famille qui sont toujours les premiers à me soutenir et à me pousser à dessiner … encore. Eux qui, loin des yeux, sont toujours présents dans mon cœur.

…galement à remercier ma fine équipe. Celle qui m'aide et m'accompagne pour … réseaux sociaux. Elles qui animent, qui « check », qui alimentent, mon groupe … et qui me font gagner un temps précieux. Merci du fond du cœur à vous 3, …Nicole et Teresa.

…cemment la team Teo'Art a été mise en place. Composée de Color Fila, Adeline …ier et Nabaya Colorista, elles testent en couleurs mes dessins, me conseillent, …nt et m'aident à découvrir un peu plus le monde du coloriage pour adulte. Une …spéciale à Adeline qui a enchainé les colos en proposant des versions plus sublimes …que les autres.

…pécialement pour ce livre, j'aimerai remercier toutes les « colorieuses » qui …gnées de leurs talents ont bien voulu apparaitre dans ce livre en vous proposant …pres visions colorées de mes illustrations !

…ci à vous toutes :
…harpentier, Nabaya Colorista, Color Filla, Colore Simone, Stephcolors63, Aurélie …organecolopassion, Colos_de_Marjo, Teresa Sinclair, Nicole Lang, Léonie Leong, …Colson.

…merci à vous, pour la confiance que vous m'avez accordée en vous procurant ce …père qu'il vous plaira autant que je me suis éclaté à le réaliser. J'ai hâte de

Tout est une histoire de rencontre...

Autodidacte, je dessine depuis le lycée dans un esprit de divertissement plus qu par vocation. Un peu plus de 20 ans à me découvrir et à développer mon style. L dessin n'était pour moi juste que ça, une passion.

Il est des hasards qui font que, de petits riens assemblés forment un grand tou Qu'une coloriste croise un dessinateur, un jour au détour des réseaux. Que l passion, l'expérience et l'enthousiasme de celle qui jongle avec les couleurs, m permettent d'éclore, de grandir et de me faire connaître en tant qu'illustrateur.

La relation a évolué petit à petit, de simples conseils pour l'ouverture d'un boutique, nous nous sommes mis à parler de tout et de rien. Au fil de no échanges, elle m'a fait découvrir l'univers du coloriage pour adulte, la vente d'illustrations sur Etsy... et donc l'idée commencé à germer, de commencer à concevoir des illustrations afin qu'elles soient mises en couleurs par d'autre que moi.

Ce livre est né de cette rencontre. Une émulsion de créativité et de partage quasi ininterrompue depuis janvier 2021 Le croisement de deux passions qui n'en forment plus qu'une.

Venez découvrir mes illustrations imprimables au format PDF sur Etsy :
www.etsy.com/fr/shop/KevinTeoArt

Autres livres disponibles sur Amazon !

Manga Style

Mysterious Faces

Manga Style 2

Winter Time

Recueil 2021

Mysterious Faces 2

Summer Holidays

Astro Kawaïi

Recueil 2022

RESEAUX

Retrouvez-moi sur Facebook :
Kevin Teo'Art

Rejoignez-nous sur le groupe « Les Colos de Teo'Art »
pour suivre mon actualité et
partager vos mises en couleurs de mes illustrations :
Les Colos de Teo'Art

Instagram
Kevin_Teoart

Si vous partagez vos mises en couleurs en ligne, merci de m'identifier avec @kevin_teoart ou les
hashtags #kevinteoart / #kevin_teoart.

Merci de ne pas partager ni publier d'images non coloriées de ce livre sur Facebook, Instagram ou
tout autre site de partage en ligne.

Tous les droits sont réservés par Kevin Teo'Art

Made in the USA
Monee, IL
16 June 2023

9745d7e5-0ed6-45e3-9816-92b0a29dd810R01